AF259723

PÈLERINAGES

A L'ÉTRANGER

SOUS LOUIS XIV & SOUS LOUIS XV

PEINES ÉDICTÉES

CONTRE

LES PÈLERINS

IMPRIMERIE DE RIVET-BARBOT, RUE AUX FÈVRES

— 1878 —

PÈLERINAGES

A L'ÉTRANGER

SOUS LOUIS XIV & SOUS LOUIS XV

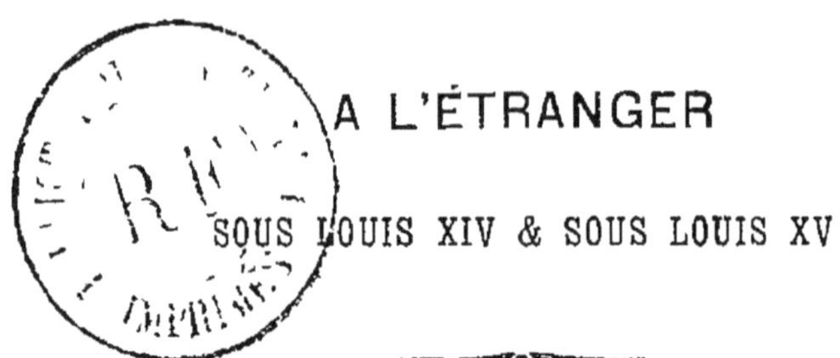

PEINES ÉDICTÉES

CONTRE

LES PÈLERINS

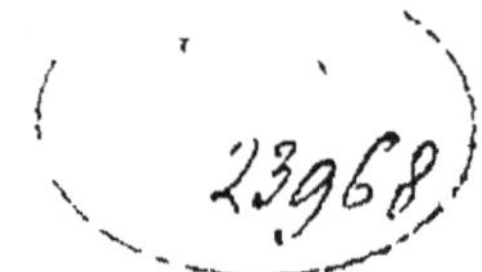

IMPRIMERIE DE RIVET-BARBOT, RUE AUX FÈVRES

— 1878 —

PELERINAGES

A L'ÉTRANGER

SOUS LOUIS XIV & SOUS LOUIS XV

PEINES ÉDICTÉES

CONTRE

LES PÈLERINS

Avec les derniers beaux jours ont lieu les derniers pèlerinages de l'année tant à l'intérieur qu'à l'extérieur.

Nous profiterons de l'occasion pour apprendre aux pèlerins de nos jours, qui ne le sauraient pas, comment, au XVIIe et au XVIIIe siècles, les pèlerinards du bon vieux temps étaient traités par le roi soleil et par son arrière-petit-fils Louis XV.

Sous un prétexte spécieux de dévotion et de pèlerinage, des abus s'étaient certificats aux magistrats et juges de police des lieux où ils passeraient et qu'ils en prendraient d'eux en arrivant, et que faute par lesdits pèlerins d'agir ainsi, ils se verraient arrêtés et punis, pour la première fois, du carcan ; pour la seconde, du fouet, par manière de castigation ; et pour la troisième, condamnés aux galères comme gens vagabonds et sans aveu.

Les nombreuses et fastidieuses prescriptions imposées aux pèlerins ainsi que la sévérité des peines édictées contre eux par cette déclaration, ne réussirent pas longtemps à les arrêter, et 15 ans après, le 7 janvier 1686, Louis XIV se vit dans la nécessité de publier une nouvelle déclaration plus sévère que la précédente.

Désormais, nul ne pourrait aller en

pèlerinage à Saint-Jacques-en-Galice, Notre-Dame-de-Lorette et autres lieux saints hors du royaume, sans être muni au préalable d'une permission expresse du roi, signée par l'un des secrétaires d'Etat et des commandements du roi, sur l'approbation de l'évêque diocésain, et en cas de contravention, les hommes devaient être condamnés aux galères à perpétuité et les femmes à telles peines afflictives que les juges estimeraient convenables, comme gens vagabonds et sans aveu.

Cette nouvelle déclaration rendit les pèlerinards plus circonspects pendant un certain laps de temps. Mais dans les dernières années du règne de Louis XV, ils recommencèrent leurs agissements, si bien que l'arrière petit-fils de Louis XIV se vit, en 1769, obligé de remettre en vigueur la déclaration du 7 janvier 1686, déclaration que l'on va lire ci-après.

En effet, le 29 octobre 1769, M. de Fontette, alors intendant de la généralité de Caen, écrivait aux officiers municipaux de la ville de··· la lettre suivante.

« A Tilly, le 29 octobre 1769.

« *Les plaintes portées au Roi depuis*
« *quelque temps, Messieurs, sur les*
« *abus occasionnés par les pelerinages*
« *hors du Royaume, ont déterminé Sa*
« *Majesté à rendre, à la déclaration du*
« *7 janvier 1686, une vigeur (sic) qu'elle*
« *n'aurait jamais dû perdre. En con-*
« *séquence, Sa Majesté m'a fait ordon-*
« *ner de vous envoyer l'exemplaire ci-*
« *joint de cette déclaration et de vous*

« *mander que son intention est que*
« *vous vous y conformiés (sic) exacte-*
« *ment en ne donnant jamais de certi-*
« *ficats pour autoriser les pelerinages.*

« *Je suis très-parfaitement, Mes-*
« *sieurs, votre très-humble et très-*
« *obéissant serviteur.*

« *Signé :* Fontette. »

DÉCLARATION DU ROI
Pour défendre les Pèlerinages sans permission
DU ROI ET DES ÉVÊQUES.
Du 7 janvier 1686.

Louis, par la grâce de Dieu, roi de France et de Navarre : à tous ceux qui ces présentes lettres verront, salut. Les abus qui s'étaient glissés dans notre royaume, sous un prétexte spécieux de dévotion et de pèlerinage, étant venus à un tel excès, que plusieurs de nos sujets avait quitté leurs parents contre leur gré, laissé leurs femmes et enfants sans aucun secours, volé leurs maîtres et abandonné leur apprentissage, pour passer leur vie dans une continuelle débauche ; même que quelques-uns se seraient établis dans des pays étrangers, où ils se seraient mariés, bien qu'ils eussent laissé leur femme légitime en France ; nous aurions cru pouvoir arrêter le cours de ces désordres, en ordonnant par notre déclaration du mois d'août 1671, que tous ceux qui voudraient aller en pèlerinage à Saint-Jacques-en-Galice, Notre-Dame-de-Lorette, et autres lieux saints hors de notre royaume, seraient tenus de se présenter devant leur évêque diocésain, pour être par lui examinés sur les motifs de leur voyage, et de prendre de lui une attestation par écrit, outre laquelle ils retireraient du lieutenant-général ou substituts du Procureur-Général du baillage ou sénéchaussée, dans lesquels ils feraient leur demeure; ensemble des Maires et Echevins, Jurats, Consuls et Syndics des Communautés, des certificats contenant leur nom, âge, qualité, vacation, et s'ils étaient mariés ou non, lesquels certificats ne seraient point donnés aux mineurs, enfants de familles, femmes mariées et apprentifs, sans le consentement de leurs pères, tuteurs, curateurs, maris et maîtres de métiers, et qu'à faute par lesdits pèlerins de pouvoir représenter lesdites attestations et certificats aux magistrats et juges de police des lieux où ils passeraient, et d'en prendre d'eux en arrivant, ils seraient arrêtés et punis, pour la première fois du carcan ; pour la seconde, du fouet, par manière de castigation ; et pour la troisième, condamnés aux galères comme gens vagabonds et sans aveu, et d'autant que nous avons été informés que plusieurs enfants de famille, artisans et autres personnes, par un esprit de libertinage, ne laissaient pas d'entreprendre de faire des pèlerinages hors de notre royaume, sans avoir observé ce qui est porté par notre dite déclaration, les uns évitant de passer dans les villes où ils savent qu'on leur demandera exactement des certificats ; les autres se servant de fausses attestations, dans la confiance qu'ils ont que les personnes préposées pour les examiner ne pourront pas s'en apercevoir, ne connaissant pas les signatures des Evêques et Juges des lieux où lesdits pèlerins font leur demeure, et la plupart se flattant que, s'ils étaient arrêtés en quelques endroits, faute de représenter des certificats, on ne leur ferait subir que la peine portée pour la première contravention, par l'impossibilité où se trouveraient les juges de les convaincre d'avoir déjà été repris de justice pour le même sujet; à quoi étant nécessaire de pourvoir pour l'intérêt public et la police générale. A ces causes, et autres à ce nous mouvant, nous avons déclaré et ordonné, et par ses présentes signées de notre main, déclarons et ordonnons, voulons et nous plaît, qu'aucun de nos sujets ne puisse aller en pèlerinage à Saint-Jacques-en-Galice, Notre-Dame-de-Lorette, et autres lieux hors de notre royaume, sans une permission expresse

de nous, signée par l'un des Secrétaires d'Etat et de nos Commandements,
sur l'approbation de l'Evêque diocésain,
à peines des galères à perpétuité contre
les hommes; et contre les femmes, de
telles peines afflictives que nos Juges
estimeront convenables. Enjoignons
pour cet effet à tous Juges, Magistrats,
Prévôts des Maréchaux, Vice-Séné-
chaux, leurs Lieutenants, Exempts, et
autres Officiers, Maires, Consuls, Echevins, Jurats, Capitouls et Syndics des
villes et bourgs de nos frontières, dans
lesquelles *(sic)* passeraient lesdits pèlerins, un mois après la publication de ces
présentes, de les arrêter et conduire
dans les prisons desdites villes et bourgs,
ou, s'ils sont arrêtés à la campagne,
dans celles de la ville la plus prochaine,
pour leur être le procès fait et parfait,

comme à gens vagabonds et sans
aveu, par les juges des lieux où ils au-
ront été pris, en première instance, et
par appel, en nos Cours de Parlement.
Si donnons en mandement à nos amés
et féaux conseillers, les gens tenant
notre cour de Parlement à Paris, que
ces présentes ils aient à enregistrer, et
le contenu en icelles faire garder et
observer selon leur forme et teneur ;
car tel est notre plaisir. En témoin de
quoi. Nous avons fait mettre notre scel
à cesdites présentes. Donné à Versailles
le sept janvier mil six cent quatre-
vingt-six, et de notre règne le quarante-
troisième. Signé : Louis. Et sur le re-
pli : Par le roi, Colbert. Et scellé du
grand sceau de cire jaune.

Registré en Parlement le 12 janvier
mil six cent quatre-vingt-six. Signé ·
Dongois.

Eh bien ! Messieurs les pèlerins d'aujourd'hui, voudriez-vous être encore à l'époque du bon vieux temps ? Certes, personne ne songe à vous inquiéter ; mais que l'on parle seulement d'interdire ces sortes de manifestations à l'étranger, auxquelles vous ne cessez de vous livrer, à l'instant vous crierez sur tous les tons qu'il n'y a plus de liberté, que l'intolérance et la persécution sont à l'ordre du jour. Et cependant, il y a une bien grande différence entre la façon dont on vous traitait au XVII⁰ et au XVIII⁰ siècles et celle dont on vous traite actuellement.

UN AMI DE LA LIBERTÉ.